PANÉGYRIQUE

DE

SAINT DOMINIQUE

PRONONCÉ

Par le P. Stéphen COUBÉ

DE LA COMPAGNIE DE JÉSUS

LE 4 AOUT 1895

DANS LA CHAPELLE DES RR. PP. DOMINICAINS

De la Rue du Faubourg-Saint-Honoré

PARIS

BUREAUX DE LA *REVUE THOMISTE*

222, Faubourg Saint-Honoré

—

1900

PANÉGYRIQUE

DE

SAINT DOMINIQUE

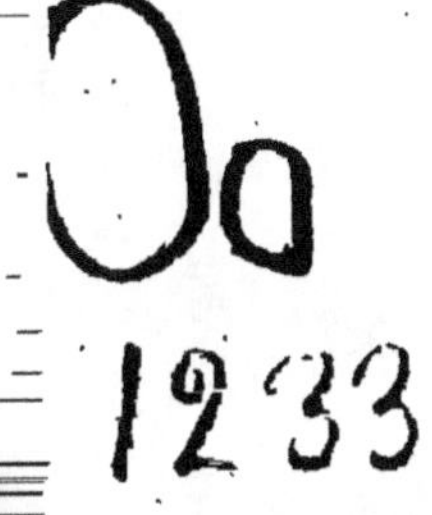

PANÉGYRIQUE

DE

SAINT DOMINIQUE

PRONONCÉ

Par le P. Stéphen COUBÉ

DE LA COMPAGNIE DE JÉSUS

LE 4 AOUT 1895

DANS LA CHAPELLE DES RR. PP. DOMINICAINS

De la Rue du Faubourg–Saint-Honoré

PARIS

BUREAUX DE LA *REVUE THOMISTE*

222, Faubourg Saint-Honoré

—

1900

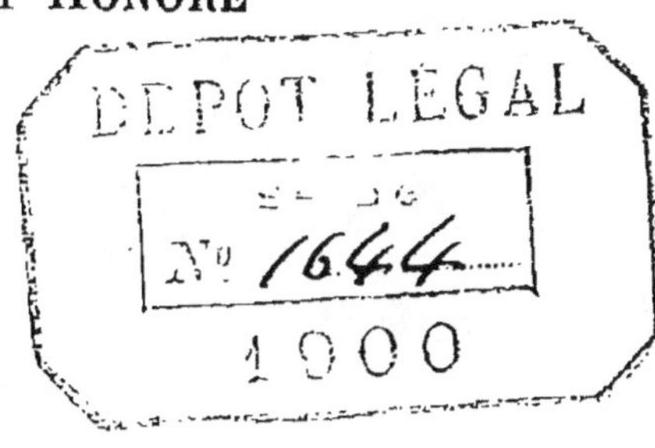

PANÉGYRIQUE

DE

SAINT DOMINIQUE

Dominus ab utero vocavit me... et dixit : Ecce dedi te in lucem gentium ut sis salus mea usque ad extremum terræ.

« Le Seigneur m'a appelé dès le sein de ma mère... et m'a dit : Je t'ai choisi pour porter la lumière aux nations et le salut aux extrémités de la terre. » (Isaïe, ch. XLIX.)

MES RÉVÉRENDS PÈRES,

MES BIEN CHERS FRÈRES,

S'il est des hommes qui méritent d'être appelés illuminateurs et sauveurs de peuples, ce sont assurément, avant tous les autres, les fondateurs des grands ordres apostoliques. Leur parole ne retentit d'abord qu'au sein de la génération qui les voit naître; mais, portée bientôt sur les lèvres de leurs fils, elle vole aux extrémités du

1

monde, et son écho se prolonge à travers les siècles.

Entre ces glorieux patriarches, c'est saint Dominique qui me semble vérifier avec le plus d'exactitude et d'ampleur l'oracle d'Isaïe : *Dominus ab utero vocavit me...* Annoncé à sa mère, avant sa naissance, comme un futur porte-lumière de la vérité, il devait évangéliser par lui-même l'Espagne, la France, l'Italie ; mais il devait surtout fonder un ordre dont ce serait la mission magnifique d'éclairer par la parole. Prêcheur lui-même, il a jeté par le monde ses blanches légions de prêcheurs, comme des flots de lumière.

Or nous voyons que son éclat ne s'est pas affaibli. C'est toujours lui, mes Frères, qui dissipe l'erreur et fait le jour dans vos intelligences, lorsqu'un de ses fils vous instruit, car ses fils sont les rayons émanés de son cœur, par lesquels il atteint tous les temps et tous les espaces.

Pour moi, je croirais mutiler sa gloire, si je vous le montrais en dehors de ce rayonnement de sa famille. Aussi je me propose,

après vous avoir rappelé son apostolat per-
sonnel, de vous retracer, dans ses grandes
lignes, l'apostolat qu'il a toujours exercé par
l'ordre dans lequel il se survit ici-bas : après
avoir essayé de fixer l'astre lui-même, je
voudrais suivre rapidement sa traînée lumi-
neuse à travers les âges.

Saint Paul surabondait d'allégresse lorsqu'il voyait son Maître annoncé et glorifié
par ses frères. Ce sentiment est le vôtre,
mes Révérends Pères ; c'est le nôtre aussi.
Oui vraiment, lorsque nous voyons le bien
immense que Dominique, toujours zélé, toujours éloquent, continue de faire en ce
siècle, notre joie égale notre admiration.
Recevez-en aujourd'hui le fraternel hom-
mage, en reconnaissance de celui, si tou-
chant et si beau, que l'un de vous déposait,
il y a quelques jours, sur l'autel de saint
Ignace, mon Père.

Aussi bien, l'honneur remontera tout en-
tiers vers celui que nous vénérons avec vous
en ce jour. L'Écriture ne dit-elle pas, en
effet, que la gloire du juste c'est sa postérité ? Ce sera donc louer deux fois votre

Fondateur que de raconter l'œuvre illumi
natrice commencée par lui et continuée pa
ses fils au milieu des nations : *In lucem gen
tium.*

I

Dans la vie morale des peuples, comm
dans la nature, il y a des retours périodique
de la nuit. A certaines époques, la vérit
semble disparaître derrière un horizon d
mensonge et d'ignorance ; et les âmes s'er
vont aux abîmes, affolées par les fantôme
d'erreur qui passent dans l'ombre.

L'Europe assistait, vers la fin du xiie siècle
à l'une de ces tombées de la nuit.

A sa frontière orientale, les musulmans
maîtres des Saints Lieux, grâce au cime-
terre de Saladin, avaient de nouveau éteint
la foi avec les lampes du Saint-Sépulcre.
L'Orient grec, épuisé par ses luxures et ses
intrigues, s'abrutissait dans une irrémé-
diable ignorance ; tandis qu'au Nord, un
puissant colosse s'endormait de plus en

plus dans une sombre léthargie religieuse, où il rêve encore.

La situation de l'Occident n'était pas moins alarmante. En vain l'Église, douce infirmière des nations malades, s'efforçait-elle de panser les plaies de la féodalité. Elle se heurtait à l'inertie désespérante des masses qui ne voulaient pas guérir, et surtout à l'égoïsme de ces princes qui renouvelaient sans cesse les blessures de leurs peuples, n'hésitant jamais à ensanglanter un royaume pour soutenir leurs ambitions, leurs divorces et leurs simonies.

Mais l'un des plus grands dangers qui menaçaient l'Église, c'était une hérésie formidable qui venait de s'abattre sur le midi de la France.

Précurseurs des sectes anti-catholiques du xviᵉ siècle et des sectes anti-chrétiennes de nos jours, les Vaudois, qui s'appelaient eux-mêmes les purs, regardaient l'Église romaine comme la grande prostituée de l'Apocalypse; le pape, les évêques, les prêtres, les religieux surtout, comme des monstres de rapine et d'immoralité. Ils avaient formé contre l'Église et ils mettaient hardiment à exécution un plan de persécution et de spoliation brutales : ils brûlaient les monastères avec leurs bibliothèques, et, parfois même — l'on était plus expéditif à cette époque — les moines au milieu de leurs manuscrits.

D'autre part, une secte, qui avait jusque-là caché ses mystères impurs dans l'ombre d'un occultisme honteux de lui-même, se montrait tout à coup au grand jour ; les manichéens, qui ne reconnaissaient deux principes que pour abaisser le bon devant le mauvais, Dieu devant Satan, sortaient de leurs arrière-loges sous le nom d'Albigeois ; et, fraternisant avec les Vaudois sur les ruines fumantes des couvents, formaient une immense franc-maçonnerie pour qui le cléricalisme était déjà l'ennemi et l'universelle laïcisation le mot d'ordre. Les moines étaient leurs premières victimes ; mais le clergé séculier et l'Église tout entière devaient avoir leur tour.

Le peuple chrétien savait bien que ces ténèbres ne seraient pas éternelles ; mais il ne savait ni quand ni d'où lui viendrait la lumière. Anxieux et troublé, il tournait les yeux et les mains vers Rome, et demandait au Gardien de la Cité de Dieu où en était la nuit et si elle n'allait pas bientôt finir : *Custos, quid de nocte?* Innocent III répondait par un cri de détresse ; il reprochait à ceux qui auraient dû éclairer les autres d'être eux-mêmes plongés dans l'obscurité. « Le pasteur, écrivait le pape, dégénère en mercenaire ; il recule devant la perversité qu'il pourrait détruire, et, par sa défection, il en devient le complice et le protecteur. »

La nuit était donc bien sombre, et l'aurore semblait bien lointaine.

Ainsi parfois, tout semble désespéré ici-bas. Un vent d'angoisse a passé sur les âmes. Les bons sont vaincus. Leurs bras tombent de lassitude ; leurs têtes s'inclinent vers la terre en pleurant : un long sanglot, que le ciel semble ne pas entendre, retentit d'un bout à l'autre d'un pays chrétien. En même temps, l'avenir semble plus désolé encore, et l'on se sent le cœur étreint d'immenses terreurs comme à la veille d'un grand désastre. Alors, mes Frères, si l'on ne peut faire mieux, si l'on a les mains liées, il faut au moins les lever vers le ciel et attendre le secours divin dans une inconfusible espérance ; car elle vient toujours, l'heure triomphante où Dieu fait tomber les chaînes, déchire la nuit et donne des sauveurs à la terre.

Voyez-vous, en effet, l'horizon qui blanchit tout à coup aux premières années du règne d'Innocent III ? De jeunes et caressantes clartés jaillissent de toutes parts. C'est l'aurore, c'est le salut à la terre de ces grands hommes qui vont éclairer tout le cours du xiiie siècle. Parmi eux, l'un des plus glorieux est saint Dominique.

Ce fut, vous le savez, sur des plaines endormies au pied de nos Pyrénées françaises que tombèrent les premiers rayons de l'astre doux et pur qui nous venait de l'autre côté des montagnes.

Initié par de sérieuses études à toutes les sciences sacrées, doué d'un caractère aimable, d'un génie heureux et d'une angélique piété, Dominique de Gusman, chanoine de l'Église d'Osma, avait visité une partie de l'Europe avec son évêque, et il rentrait dans son pays, en 1205, lorsque la Providence l'arrêta en Languedoc, et lui inspira, vous savez dans quelles circonstances, le dessein de se dévouer, avec quelques prêtres zélés, au salut d'une population ravagée par l'hérésie albigeoise.

Il avait alors trente-cinq ans. Immense fut le succès de sa prédication. Là où avaient échoué l'autorité et le faste des légats du Saint-Siège, il réussissait en prêchant l'Évangile avec l'humilité de l'Évangile. Les gens du peuple, égarés plutôt que pervers, se sentaient vite gagnés par la chaude et sereine parole de ce jeune apôtre, qui venait à eux vêtu de la tunique des chanoines d'Osma, dont la blancheur leur semblait un reflet de la blancheur et de la beauté de son âme; et ils s'inclinaient devant lui comme devant l'ange du Seigneur.

Ange, Dominique le fut vraiment et par sa piété envers Dieu, et par sa tendre charité pour les hommes.

Par sa piété d'abord. La prière fut sa vie comme elle est celle des esprits célestes. Il passait, nous dit son historien, le B. Jourdain de Saxe, de longues heures, souvent même la nuit entière, à s'entretenir avec son Dieu. Son âme montait alors d'un vol impétueux vers l'Essence divine, où elle s'abîmait et se fondait par l'adoration. Et, parfois, le corps suivait le mouvement de l'âme.

On le surprenait, dans la pénombre du sanctuaire, élevé à la hauteur du tabernacle, mêlé aux invisibles séraphins, léger, aérien, diffusant comme un globe de cristal la lumière interne de l'extase.

Et que dit-il à Dieu dans ces communication sacrées? Souvent, continue le même historien, on entendait des sanglots, des cris de douleur et comme des rugissements sortir de ses entrailles émues. Ah! c'est qu'il lutte alors, comme l'ange de l'Ancien Testament, contre le ciel lui-même, pour ses frères et pour le peuple de Dieu. La poitrine oppressée par l'angoisse et la pitié, la face baignée de larmes, il intercède pour la terre coupable; il pleure pour les pécheurs qui ne pleurent pas; il s'offre en sacrifice pour cette France dont il a fait sa seconde patrie, et il demande à Dieu de ne pas laisser souiller par l'hérésie la très chrétienne nation qui doit rester toujours immaculée dans sa foi.

Ah! vous le comprenez, quand il se relève et qu'il a essuyé ses larmes, il est armé pour les bons combats du Seigneur. C'est l'ange de l'apostolat; il se dresse sur les foules qu'il subjugue par son regard, son geste et son verbe inspirés. L'amour de Dieu et des âmes, accumulé par l'oraison, déborde alors de son cœur en jets de feu et de lumière. Accompagné de quelques hommes vaillants qui seront un jour ses premiers fils, il va, infatigable, par les grandes villes et les petits villages du Languedoc, promenant partout le flambeau de l'Évangile et vérifiant avec le songe de sa mère la devise des apôtres : *In lucem gentium*.

Bientôt, la prédication ordinaire ne lui suffit plus. Pour faire pénétrer la vérité

dans les intelligences qui ne viennent plus
la chercher dans les églises, ils institue des
controverses publiques où il réfute, avec
les arguments de saint Augustin, les subti-
lités manichéennes et se fait pardonner sa
science à force de modestie et de bonté.
Dieu lui-même daigne plus d'une fois ren-
forcer ses raisons par l'argument décisif
et victorieux du miracle. C'est ainsi qu'un
jour, devant une assemblée nombreuse, à
Fangeaux, le manuscrit où le saint a ré-
sumé la doctrine catholique, jeté trois fois
de suite dans le feu, est trois fois doucement et respectueusement repoussé par les
flammes, tandis que le mémoire que lui op-
posent les hérétiques est instantanément
consumé.

Le même amour des âmes le pousse à
fonder, à Prouille, en faveur des jeunes
filles nobles et pauvres, un couvent où leur
foi est à l'abri des pièges de l'hérésie.
Prouille devient bientôt une douce Bétha-
nie où il aime à se reposer comme se repo-
sent les saints en priant et en parlant de
Dieu. Il y voit, de plus, les prémices de

l'ordre qu'il projette : une sœur aînée attendant son jeune frère.

Mais voici l invention la plus géniale et la plus divine de son zèle. L'Église chante que Marie est la grande destructrice des hérésies. Dominique fait mieux que de célébrer ce pouvoir, il en donne une nouvelle preuve éclatante. Il a saisi dans l'âme des foules l'instinct profond qui les pousse aux pieds de la Vierge. Il place sur les rudes lèvres des égarés la salutation jadis tombée de lèvres angéliques; et, bientôt, la plus gracieuse des dévotions devient la plus populaire. Les humbles et les petits surtout ne se lassent pas, en tournant les grains du rosaire entre leurs mains calleuses, de répéter à sainte Marie, Mère de Dieu, qu'ils ne sont que de pauvres pécheurs et qu'elle est pleine de grâce; ils aiment à effeuiller à ses pieds, avec les roses des sacrés mystères, leurs propres joies, leurs tristesses et leurs espérances. Tous ces *Ave Maria* forment, pour le front de la Vierge, une belle couronne, image d'une couronne plus précieuse, d'un immense rosaire d'âmes vivantes, unies ensemble d'abord par l'amour de Marie, puis, bientôt et insensiblement, par l'invisible chaîne de la vraie foi. Et ainsi, par cette dévotion doublement angélique, puisqu'elle doit son origine à deux anges, Gabriel et Dominique, Notre Dame reprend doucement les âmes à l'hérésie et les ramène au lumineux rivage de l'Église catholique.

Mais, si le rosaire a converti des millions d'âmes, combien plus il en a sanctifiées! Oui, rosaire béni, humble chapelet, nous te devons beaucoup, à toi et à celui qui t'a donné au monde chrétien. Confident de nos luttes, témoin de nos victoires, tu es devenu une des pièces les plus redoutables et les plus chères de notre armure spirituelle. Combien de fois nous t'avons baisé comme l'instrument des miséricordes de notre Mère? Va, nous te garderons toujours pieusement sur nous, et, à la dernière heure, nous te presserons encore dans nos mains défaillantes, comme le signe de notre servage filial envers la Reine des anges.

Ainsi, mes Frères, et par la ferveur de son zèle, et par la nature même de ses inspirations, Dominique se montrait en tout un ange. Dès lors, je ne m'étonne pas que, dans l'estime des hommes, ce beau titre se soit toujours singulièrement attaché à lui et à ce qui lui tient de plus près. Dante l'appelle le Chérubin de la science. Le plus glorieux de ses fils sera un ange, lui aussi, l'Ange de l'École. Un autre aura des intuitions angéliques pour peindre la Reine des anges, et s'appellera de ce nom symbolique et vraiment dominicain : Fra Angelico, le Frère Angélique.

Mais, quelque admirables qu'aient été la piété et le zèle de notre saint, jamais il n'aurait obtenu l'ascendant qu'il exerça sur les hommes, s'il n'avait aussi possédé au plus haut degré une autre qualité éminemment apostolique : la bonté. La science seule éblouit ; l'austérité seule effraie ; il les faut toutes deux chez un apôtre, mais tempérées et comme tamisées par la bonté et l'amour. La foule veut sentir un ami dans celui qui lui parle ; dès qu'elle se voit aimée, elle est bien près d'être convaincue et de se rendre.

Or, du même amour dont il aima Dieu, Dominique aima tendrement les hommes. Et cette bonté et cette douceur, dont Fra Angelico a répandu un céleste reflet sur le portrait qu'il nous a laissé de son Père, apparaîtront même, si je ne me trompe, à qui l'étudiera de près, comme les traits dominants de son beau caractère.

Elles éclatent à chaque pas dans sa vie. Ici, on le voit vendre ses livres pour soulager les pauvres ; là, il veut se vendre lui-même pour racheter un prisonnier. Il ne se contente pas de pardonner à ceux qui lui font du mal : il les recherche et les aborde, le sourire aux lèvres. Comme on lui demande un jour pourquoi il va de préférence dans les villes où son apostolat est le moins fécond, il répond, non sans une pointe de malice charmante : « J'évite Toulouse, parce qu'on m'y honore comme un saint ; mais je vais souvent à Carcassonne, parce qu'on m'y traite comme un pécheur que je suis. »

Quand la mort du légat du Saint-Siège,

Pierre de Castelnau, traîtreusement assassiné par les Albigeois, a fait éclater la guerre entre catholiques et hérétiques, non seulement Dominique reste étranger à toutes les violences, mais il apparaît partout, en ces jours sombres, comme l'ange de la paix. La seule fois qu'on le voit intervenir dans une scène de répression, c'est pour arracher un malheureux au dernier supplice. Bien plus, cet homme que la calomnie a représenté comme un buveur de sang, est le meilleur ami et consolateur des victimes de la guerre, et le seul sang qu'il souhaite de répandre, c'est le sien qu'il offre à Dieu pour le salut de ce pauvre peuple désolé. Ainsi, tandis que l'épée sanglante de Simon de Montfort pourfend les corps des mécréants, la parole de Dominique, qui est aussi une épée, pénètre les âmes pour les convertir : l'une donne la mort, et l'autre la vie.

Simon de Montfort ! C'est avec respect, mes Frères, que je prononce ce grand nom, en dépit de la haine que lui ont vouée les Albigeois modernes, et, s'il était besoin de justifier ce respect, je n'aurais qu'à vous montrer Dominique étendant sa chape et son amitié sur Montfort. Sans doute, nous blâmons, avec Innocent III, la violence des représailles exercées par les croisés contre les assassins de Pierre de Castelnau, et que Simon, dans l'ardeur de la lutte, ne sut pas prévenir. Mais, malgré cette ombre où elle se projette, qu'elle est belle encore l'auréole du vainqueur de Muret! Il fut un grand capitaine, mais il fut surtout un grand chrétien! Quand il répondait à ceux qui lui représentaient le nombre de ses ennemis : « Toute la chrétienté prie pour moi, que craindrais-je? » Quand, au matin de la plus chaude bataille, il se prosternait en larmes, presque en extase, devant la Sainte Hostie, il était un ange lui aussi, un ange comme il nous en faudrait aujourd'hui, un ange dans l'armure d'un preux. Il aima passionnément la justice et haït vigoureusement l'iniquité. Il avait juré de délivrer son pays de la secte odieuse et anti-sociale qui l'opprimait. Il la regarda bien en face et marcha droit sur elle, brandissant toujours sa grande et sainte épée.

Ah! qui nous rendra cette race de fiers chrétiens qui livraient leurs âmes pour la défense du peuple de Dieu? Hélas! où est aujourd'hui l'esprit des grands croisés? Il dort dans la poitrine de leurs fils! Où est l'épée libératrice de Montfort? Elle dort depuis longtemps au fourreau, sur les tronçons humiliés de la Croix! Et dans ce sommeil de nos énergies vitales, il n'y a que vous, grand Dieu, qui ne dormiez pas! Mais que vous tardez donc à vous lever! N'entendez-vous pas le cri que nous poussons vers vous du fond de l'abîme? Nous n'espérons qu'en vous, Seigneur; car tous les appuis humains nous manquent à la fois. Votre Église est persécutée par toute la terre; la face de votre Christ est souffletée; et nous errons à tâtons dans une nuit sans étoiles, sur une terre pleine d'abîmes. Ayez pitié de nous, Seigneur, et envoyez-nous comme à nos pères du xiiie siècle de grands chrétiens et de grands apôtres, des illuminateurs et des sauveurs!

Mais, si efficace qu'ait été l'action de Montfort, elle n'égale pas celle de son saint ami le Prêcheur. Jamais, en effet, la force ne suffit à vaincre l'idée, même lorsque l'idée se prostitue à l'erreur et devient indigne de tous égards. Il fallait en ces jours troublés un ange de la colère pour châtier les Héliodores qui souillaient le Lieu Saint : Simon fut ce justicier; mais il n'eût fait que détruire, si l'ange de la charité n'eût marché après lui pour relever les âmes et les remettre sur le droit chemin. Il fallait, derrière les croisés bardés de fer, ces pacifiques croisés de la parole, qui ne blessaient pas plus que la lumière. Et vraiment, leur œuvre à tous a été belle autant que rapide.

Lorsque Dominique eut achevé son apostolat en Languedoc, la secte albigeoise n'était pas morte, mais elle était frappée à mort. La France avait échappé au plus grave de tous les dangers. Et il avait suffi de dix ans à quelques hommes de cœur pour ainsi éclairer et sauver un pays.

Au bout de ce temps, Dominique jugea le moment venu de réaliser un grand projet qu'il avait conçu dès les premiers jours de son apostolat parmi nous. Un horizon nouveau s'ouvrait devant lui, qui n'était plus borné par les neiges des Pyrénées : c'était l'univers entier qu'il fallait inonder de lumière. Il ne s'agissait plus de soutenir le petit couvent de Prouille ; c'était l'Église universelle, ébranlée par l'enfer, qui allait s'arc-bouter sur ses puissantes épaules.

Mais, pour cet apostolat qui devait remplir tous les temps comme tous les espaces, il fallait au saint des hommes qui fussent ses collaborateurs durant sa vie, puis, un jour, les héritiers de sa pensée et de son zèle. Or, nous l'avons vu, il avait autour de lui quelques prêtres qu'il avait associés à ses travaux et pénétrés de son esprit. Il ne manquait plus, pour leur donner la cohésion et la perpétuité nécessaires à l'œuvre projetée, que de les réunir en une famille religieuse.

Jusqu'au xiiie siècle, l'Église n'avait eu que des ordres monastiques, c'est-à-dire des ordres dont le but était la sanctification de leurs membres par la prière, le travail et la solitude, et non l'illumination du peuple chrétien par l'enseignement et la prédication.

Ce n'est pas que la théologie eût été jusqu'alors une étrangère dans le cloître; loin de là. Elle y avait toujours parlé avec une autorité aimée; on y entendait encore l'écho des doctes leçons de saint Anselme et des controverses de saint Bernard. L'école par excellence, l'université, n'était elle-même que la fille de l'abbaye. Loin de mourir dans l'atmosphère monastique, la science sacrée venait d'y subir une importante transformation. La langue oratoire des Pères y avait perdu son onction et son coloris; mais elle s'était précisée en formules scolastiques rigoureuses; elle était devenue un idiome robuste et nerveux, aux allures féodales, qui tranchait une idée en deux avec un adverbe, comme le chevalier fendait son adversaire en deux d'un seul coup de sa lourde épée. Néanmoins, l'enseignement de la science n'était pour l'ordre monastique qu'un moyen de se former lui-même; mais ce n'était pas sa fin de le répandre à l'extérieur.

Et de même les moines n'étaient pas non plus des apôtres de profession, bien que de fait ils eussent puissamment contribué à christianiser l'Europe. Saint Bernard ne sortait de sa solitude pour sauver les royaumes qui l'imploraient qu'en jetant un œil de regret sur les ombrages de Clairvaux; et, dès qu'il était libre, il se replongeait avec volupté dans les austérités du cloître. Majestueuse et maternelle, l'abbaye accueillait à son ombre — et son ombre s'étendait toujours loin — ceux qui venaient à elle; du trop-plein de ses vertus elle remplissait leurs cœurs; mais elle n'allait pas à leur recherche.

Il est vrai, il y avait des évêques et des prêtres séculiers dont c'était la mission de rompre à leur troupeau le pain de la parole; mais, par malheur, les autres travaux du ministère absorbaient trop souvent les pasteurs naturels du peuple chrétien. En vain les conciles leur recommandaient-ils de prêcher ou de se substituer des prêcheurs; les prêcheurs manquaient. Dominique eut l'ambition de les fournir à l'Église; ils voulut former des hommes également savants et zélés, capables d'enseigner la théologie et de prêcher l'Évangile, qui courraient le flambeau à la main à la poursuite des âmes pour les inonder malgré elles de lumière. Tout en gardant la sainteté personnelle des religieux comme base, il voulait donner l'apostolat comme couronnement à son œuvre, en un mot, créer un ordre apostolique. Assurément, c'était une nouveauté; mais, nous venons de le voir, elle était légitimée par les besoins de l'époque.

Pour fonder une famille religieuse, l'approbation du Souverain Pontife était nécessaire; et moins que personne, notre saint n'eût consenti à se passer de cette bénédiction sans laquelle une œuvre catholique ne marche pas. Voilà pourquoi, vers la fin de 1215, laissant à Toulouse ses six compagnons, il partit pour Rome où allait se tenir le quatrième concile de Latran.

Vous savez comment, après un premier refus, Innocent III ayant vu en songe la basilique de Latran près de s'écrouler et soutenue par les épaules de Dominique, rappela le saint, bénit son projet, et lui ordonna d'aller en France choisir, de concert

avec ses compagnons, celle des règles an-
ciennes qui leur paraîtrait convenir le mieux
à leur dessein. Et vous savez aussi comment,
un an après, en 1216, Honorius III, succes-
seur d'Innocent, approuvait solennellement
le nouvel ordre avec la règle de saint
Augustin telle que les Prêcheurs l'avaient
adaptée par de sages modifications au but
spécial de leur vie.

Dominique avait alors quarante-cinq ans.
La nature et la grâce avaient atteint en lui
leur suprême et harmonieux épanouissement. Jeune encore et dans la vigueur de
l'âge, il pouvait espérer vivre longtemps
pour voir grandir sa famille. Mais Dieu
avait jugé que six années lui suffiraient
pour donner la dernière touche à son
œuvre.

Durant ces six années, nous le voyons tra-
vailler infatigablement à la diffusion et à
l'organisation de son ordre. Il visite de
nouveau la France, l'Espagne, l'Italie. Partout les âmes s'ébranlent sur son passage.
Ce sont des jeunes gens qui renoncent aux
plus brillantes espérances du siècle pour

remettre entre ses mains leurs natures frémissantes ; ce sont des orateurs et des théologiens déjà fameux qui sacrifient les dignités ecclésiastiques pour suivre Dominique et Jésus. Les universités de Paris et de Bologne se dépeuplent pour remplir ses couvents de l'élite de leurs écoliers et de leurs professeurs. En 1215, lorsqu'il quittait Toulouse pour aller à Rome, il n'avait que six compagnons ; six ans plus tard, il comptait soixante maisons réparties entre huit provinces.

Ces belles floraisons réjouissent le saint fondateur, mais n'épuisent pas la sève de son âme. A côté de son grand Ordre, il en établit deux autres. C'est d'abord l'Ordre de femmes dont nous lui avons vu jeter les fondements à Prouille, et qui devait donner, ainsi que nous le verrons, de si belles âmes à l'Église. C'est ensuite ce tiers-ordre, qui, avec celui de saint François, devait remplir une si importante mission sociale au moyen âge, et permettre à tant de chrétiens restant dans le siècle d'en éviter les naufrages sans en fuir les tempêtes.

Ainsi Dominique reçoit ici-bas la bénédiction des patriarches ; il voit grandir autour de lui une belle et nombreuse postérité. En même temps sa sainteté grandit aussi et apparaît de plus en plus étonnante au monde.

Les miracles tombent maintenant de ses mains, abondants et pressés comme des fruits mûrs en automne. On ne s'étonne même plus de voir les malades guérir, et les morts — trois morts dans la seule ville de Bologne — ressusciter à sa voix.

Sa parole jette aussi un plus vif éclat. Ce ne sont plus seulement les foules qui le réclament, c'est le Pape qui l'appelle et veut l'entendre au Sacré Palais. Chacun veut garder dans son cœur un écho de cette voix aimée qui va bientôt se taire.

Ainsi sa vertu prend un rayonnement plus intense à mesure qu'il s'avance vers sa fin ; c'est comme l'adieu éblouissant que le soleil jette parfois à la terre à travers les nuages incendiés. Son âme cependant garde toujours son humble mansuétude, et l'on remarque dans son regard, qui va se fermer aux choses d'ici-bas pour se remplir de la gloire de Dieu, une charité plus attendrie pour ses frères, une flamme plus douce comme la lumière apaisée du soir.

Et c'est ainsi qu'aimé de Dieu et des hommes, semant jusqu'au dernier instant la vérité et la paix sur sa route, il s'acheminait vers la patrie. Ce fut à Bologne, le 6 août 1222, qu'il exhala sa belle âme ; ses fils fermèrent avec respect ces lèvres vénérables sur lesquelles ils avaient recueilli le verbe qui devait se transmettre parmi eux, frémissant et lumineux, jusqu'à nos jours.

II

En voyant saint Dominique à son lit de mort au milieu de sa famille religieuse, ma pensée, mes Frères, se reporte sur un autre patriarche qui mourut, lui aussi, entouré de ses fils. Jacob, à sa dernière heure, avait vu dans l'avenir la gloire que Dieu réservait à sa postérité et adoré de loin la fleur bénie qui devait un jour s'épanouir sur la tige de

Juda. Si le voile de l'avenir s'est également déchiré pour Dominique, quelle vision de gloire a dû enivrer ses yeux !

C'est d'abord la gloire de la sainteté. La sainteté, mes frères, est la plus haute perfection qu'ici-bas puisse atteindre l'homme aidé et soutenu par la main de Dieu. C'est le triomphe de la grâce, une floraison de la vie divine sur notre terre ; mais c'est aussi le plus merveilleux épanouissement de la nature dans la grâce.

Dès lors, avec quelle joie le saint patriarche a dû saluer de loin ces fleurs glorieuses qui devaient un jour s'ouvrir et se fermer sur sa tige, saint Pierre de Vérone, saint Hyacinthe, saint Thomas, saint Vincent Ferrier et bien d'autres, et celles aussi que Dieu devait y cueillir pour les placer plus haut afin que leur parfum se répandît plus loin, comme le savant moraliste saint Antonin, archevêque de Florence, et le Pape immortel de Lépante, saint Pie V.

A côté de ces grands hommes, que de femmes illustres qui devaient embaumer le cloître ou le monde de leurs vertus : dans

le second ordre, sainte Agnès de Montepul-
ciano et sainte Catherine de Ricci; dans
le tiers-ordre, cette admirable Catherine
de Sienne, qui devait donner, au nom du
ciel, aux rois, aux peuples et à la Papauté
elle-même, des conseils toujours écoutés,
— et enfin, sous le ciel d'Amérique, cette
douce Rose de Lima dont toute la vie ne fut
qu'un gracieux miracle.

Ah! quelle généalogie royale ne pâlı
devant cette superbe lignée spirituelle! Et
comme l'œil du père a dû se reposer avec
tendresse sur ce peuple de martyrs, de
pontifes, de confesseurs et de vierges qui
défilaient devant lui, inclinant leurs palmes
devant la sienne et nimbés de tous les feux
de la sainteté?

Après la sainteté, la science, et surtout
la première des sciences, la théologie : la
théologie qui, après avoir assigné à chaque
chose ici-bas sa place dans la nature, plonge
son regard d'aigle dans l'ombre éblouissante
des profondeurs divines.

Or, vous savez quels grands docteurs
l'Ordre dominicain a donnés à l'Église. Je

pourrais vous citer ici d'innombrables chefs-d'œuvre, faire passer devant vous toute une armée d'in-folio vénérables, dont les pages sont de la pure lumière, et jettent dans l'ombre les amplifications des systèmes modernes, depuis les travaux si profonds d'Albert le Grand jusqu'à ces belles études dont la publication périodique promet tant aux amis des sciences sacrées. Mais il me suffit, je crois, pour envelopper l'ordre tout entier de gloire, de prononcer un seul nom, un nom qui fait pâlir tous les autres comme le soleil fait pâlir toutes les étoiles : saint Thomas. Saint Thomas est bien en effet notre soleil à tous : il éclaire, il réchauffe, il vivifie toutes nos intelligences. En lui, nous entendons toute l'antiquité et tous les Pères : il a concentré leurs rayons épars en son puissant cerveau comme en un foyer éblouissant. Aussi, je ne m'étonne pas de la place qu'il occupe au ciel des intelligences. Je ne m'étonne pas que l'Église, lorsqu'elle voulut, au concile de Trente, indiquer les deux livres qui lui semblaient les plus vénérables du monde, ait placé sur le même autel l'œuvre de saint Thomas, la Somme, à côté de l'œuvre de Dieu, la Bible.

Mais d'ordinaire, la théologie ne s'adresse directement qu'aux âmes sacerdotales ou à un petit nombre d'âmes supérieures destinées à en refléter la lumière sur les autres : c'est l'aube qui ne dore que les cimes. Vient ensuite la prédication qui emprunte à la théologie les rayons qu'elle distribue en détail, adoucis et proportionnés à toutes les intelligences.

La prédication est le véhicule ordinaire de la foi. Les véritables apôtres sont les prêcheurs. C'est par douze prêcheurs que l'Église a converti la gentilité gréco-romaine ; et c'est encore par leurs successeurs qu'elle avance aujourd'hui dans le monde, refoulant devant elle toutes les ténèbres. Si le théologien est l'homme d'une élite, le prédicateur est l'homme de la foule : il la connaît, il l'aime, il l'entraîne. S'il flagelle ses vices, s'il fait flamboyer devant elle les grandes vérités et tonner la menace éternelle, la foule ne s'y méprend pas ; elle voit le père et l'ami en celui qui la rudoie ; et bientôt, elle tombe à genoux, brisée sous le poids de ses remords et de son repentir, aux pieds du Dieu dont elle a reconnu l'amour sous le reproche et la menace de son ambassadeur; et ainsi se sauvent les âmes.

Or, vous le savez, l'ordre des Prêcheurs était à peine approuvé par Honorius III qu'il devint un nouveau cénacle. Les langues de feu y descendaient du ciel pour se répandre par toute la terre.

Dominique eut la joie d'assister aux premières heures de cette Pentecôte. Il avait toujours désiré partir lui-même pour les missions lointaines. Dans ses dernières années, quand il épanchait son cœur dans le cœur de ses fils, il leur racontait que le rêve de sa vie, après la fondation de son ordre, avait été de prêcher la foi à la nation infidèle des Cumans, et il ajoutait qu'il espérait bien encore y aller pour donner à Jésus-Christ tout son sang.

Son cœur était vaste comme l'univers et s'était en quelque sorte chargé par amour de la sollicitude de toutes les Églises. Aussi

lorsque le vent lui apportait de loin le gé-
missement des âmes, il tressaillait; il se
tournait vers ses fils, et le bras étendu, le
regard inspiré, il leur montrait l'horizon et
s'écriait : « Là-bas, mes fils, là-bas! » —
Et jeunes et vieux, se jetaient à ses pieds et
lui disaient : « Père, nous voici, envoie-nous
prêcher et mourir! » — Et bientôt, bénis
par sa main paternelle, ils se relevaient et
partaient. — « Qui sont-ils, s'écriait le pro-
phète, qui sont-ils ceux qui volent comme
les colombes? » — Ce sont les illuminateurs
et les sauveurs des peuples. Partout, avec
les espérances du ciel, ils portent les béné-
dictions de la terre. Ils convertissent et ils
civilisent. Ils apprennent au sauvage à en-
terrer sa férocité avec sa hache au pied de
la croix. Ils transforment le cannibale en un
doux enfant dévoué à tous les hommes.
Lorsqu'en Amérique la race conquérante a
juré d'exterminer les indigènes, qui prend la
défense de ces malheureux? Qui se fait leur
avocat, leur vengeur et leur père? C'est un
fils de saint Dominique, l'immortel Las
Casas. Il proteste au nom de l'humanité et

de la religion, et son cri indigné traverse l'Atlantique comme il traverse les siècles, et va faire pâlir sur son trône le souverain espagnol comme il fait encore frémir nos cœurs.

Mais il ne faut pas qu'elles s'envolent toutes aux extrémités du monde, les belles langues de feu que Dominique a données à l'Église. Nos vieilles nations chrétiennes ont aussi leurs ténèbres : elles aussi ont besoin d'être éclairées. Or, grâce à Dieu, elles n'ont pas été oubliées.

C'était une langue de feu, ce bienheureux Jourdain de Saxe, dont la parole irrésistible attira plus de mille novices à son ordre.

C'était une langue de feu, ce saint Hyacinthe, qui, au treizième siècle, de la mer Blanche à la mer Noire, évangélisa plus de vingt peuples.

C'était une langue de feu, ce saint Pierre de Vérone qui, tombé sous le fer des assassins, écrivit sur le sable, avec le sang de ses blessures, les premières paroles du symbole : *Credo in unum Deum* ; je crois en un seul Dieu : son dernier et son plus beau sermon.

C'était une langue de feu, ce bienheureux Jean de Vicence, qui, dans la plaine de Vérone, réconcilia deux peuples ennemis et jeta deux cent mille hommes dans les bras les uns des autres.

C'était une langue de feu, lui surtout, ce saint Vincent Ferrier, l'apôtre de l'Espagne, de la France et de l'Italie au xvie siècle, incomparable thaumaturge qui se jouait avec le miracle, merveilleux orateur qui devait sortir dans la campagne pour rassasier de sa parole des foules de soixante-dix mille hommes jamais lassées de l'entendre.

J'en passe et d'innombrables.

Mais, parmi les orateurs modernes, il en est un dont le nom me poursuit ici ; et, quand on parle d'éloquence, on n'a pas le droit de se dérober à la hantise de son grand nom.

Dieu l'avait sacré d'une royauté magnifique, de celle que les révolutions ne renversent pas, mais qu'elles grandissent : il fut vraiment le roi de l'éloquence en notre siècle. Lorsque sa parole retentit du haut de la chaire de Notre-Dame, la France entière leva la tête et fit silence pour l'écouter. Ah! c'est qu'elle était entraînante et irrésistible, la grande voix de Lacordaire. Jaillie de son cœur frémissant, elle allait remuer l'auditeur jusqu'au fond des entrailles; en même temps, elle étonnait l'intelligence par les pensées les plus imprévues, coulées dans la forme la plus audacieuse. La jeunesse y reconnaissait l'accent de son âge et de son siècle; toutes les fiertés, toutes les audaces, toutes les générosités de son temps. Il était tour à tour la pitié, l'enthousiasme et l'indignation; et l'on se passionnait avec lui pour ces grandes choses dont les noms sonores semblaient faits tout exprès pour sa bouche, Dieu, l'Église et la France, la civilisation et l'humanité, la liberté et l'amour, qui passaient avec son grand geste dans un ouragan d'éloquence. Et, soulevées sur les ailes de sa pensée, emportées par son puissant vol d'aigle, les âmes montaient haletantes, éper-

*

dues, aux sommets les. plus radieux de la justice et de la vérité.

Mais sa voix n'était pas moins pieuse que vibrante, pas moins divine qu'humaine : le saint irradiait l'orateur. C'était à la fois l'éclair et la foudre : l'éclair qui frappe l'âme d'illuminations soudaines et rédemptrices, la foudre qui pulvérise les idoles du cœur.

Il ne fut pas le seul parmi ses frères, ni à Notre-Dame ni ailleurs, qui fit entendre à ce siècle l'écho moderne et superbe du grand prêcheur des Albigeois. La France n'a cessé de reconnaître et d'applaudir Dominique dans ses fils. Mais si la modestie des vivants demande et mérite grâce, si l'éloge ne peut tomber ici que sur une foule anonyme, la reconnaissance des âmes murmure tout bas au pied des autels des noms que l'admiration publique répète à tous les échos.

Lorsqu'un ordre, mes Révérends Pères, a de pareils états de services dans l'enseignement des sciences sacrées et dans l'apostolat, il a bien mérité de l'Église et du peuple chrétien ; et si alors il accueille avec

une fraternelle bonté les coopérateurs que
Dieu lui envoie, il y a dans ce fait une gran-
deur d'âme que peut seul inspirer l'amour
supérieur du Christ. Ce devait être l'esprit
de votre fondateur : et il ne m'est pas permis de laisser ici dans l'ombre cette gloire
de sa famille.

Il entrait dans le plan de Dieu de donner
à Dominique, dans la personne de François
d'Assise, un frère de son âge et de sa trempe
d'âme. Jaillis ensemble de la nuit du dou-
zième siècle, les deux astres jumeaux mon-
tèrent ensemble sur l'horizon du siècle sui-
vant, et depuis, de leurs lumières conju-
guées, ils n'ont cessé d'éclairer l'Église.

C'était à Rome, au temps du quatrième
concile de Latran. Les deux saints ne se
connaissaient pas encore. Or, Dominique vit
une nuit Jésus-Christ irrité contre le monde,
et sa mère qui lui présentait deux hommes
pour l'apaiser. Il se reconnut en l'un deux :
l'autre lui était inconnu. Le lendemain, dans
une église, il aperçut sous le froc d'un men-
diant la figure vue la nuit précédente, et
courant vers François, il le pressa tendre-

ment en ses bras et lui dit : « Tu es mon frère, marchons et tenons-nous ensemble, nous serons invincibles. »

Telle est, mes Frères, cette fameuse rencontre des deux saints. Tous les arts ont cherché à l'immortaliser. Il n'en était guère besoin. Car si la piété la plus tendre respire dans le marbre de la loggia de Florence où Andrea della Robbia a représenté Dominique la tête inclinée sur l'épaule de François, l'amour fraternel des deux patriarches vit et respire bien plus intense dans l'âme de leurs enfants.

Mais ici, mes Révérends Pères, votre pensée va, j'en suis sûr, comme la mienne bien au-delà de cette scène touchante et de l'union des deux grands ordres dont elle est l'origine et le symbole. Dans le baiser immortel de Dominique et de François, je vois l'amour qui unit toutes les familles religieuses. Et il me sera sans doute permis en ce jour-là de me faire l'interprète de la vénération et de la pieuse tendresse de l'une de ces familles pour celle de saint Dominique.

Peu de temps après avoir renoncé au monde, Ignace de Loyola alla frapper à la porte du couvent des Dominicains de Manrèse, et il trouva, dans la charité du prieur, la lumière et la force dont il avait besoin. Son cœur se dilatait à l'aise dans un monastère dont les murailles mêmes lui racontaient des traditions glorieuses. Plus d'une fois, on le surprit errant la nuit, les épaules chargées d'une lourde croix de bois que conserve encore la piété dominicaine. Il rêvait alors d'apostolat au milieu de ces grands Apôtres, Dominique, Hyacinthe, Pierre de Vérone, Vincent Ferrier, qui lui souriaient du haut de leurs statues de pierre et de leurs tableaux, le long des cloîtres; et souvent, sans doute, Dominique dut se pencher sur le nouveau compagnon d'armes que lui envoyait le ciel, pour lui donner l'accolade chevaleresque et le baiser fraternel et lui murmurer, dans le silence de la nuit : « Ignace, tu es mon frère, toi aussi, marchons et tenons-nous ensemble, et nous serons invincibles. »

Ignace n'oublia jamais ce que son illustre

aîné lui avait dit au cœur, et il garda toujours la plus respectueuse reconnaissance envers ces vétérans de l'apostolat qui l'avaient précédé et si bien accueilli dans la carrière. Il a légué ces sentiments à ses fils : c'est une de nos règles de ne jamais parler qu'avec de granas éloges des Frères Prêcheurs : *magnifice loqui et sentire de ordine Prædicatorum.* Ce devoir nous est facile, mes Révérends Pères, car nous ne pouvons oublier ce que nous devons à un Ordre religieux qui a tant édifié et éclairé toute l'Église. Entrons dans le détail.

Saint Ignace à voulu que sa jeune famille n'avançât en théologie que dans le sillage lumineux du Docteur angélique. Or la Compagnie de Jésus a toujours eu pour sacrée cette volonté de son Père : elle a toujours eu un culte particulier pour saint Thomas, et, si ses grands théologiens Molina, Suarez, Bellarmin, Petau, ont cru pouvoir en plusieurs questions, l'interpréter autrement qu'on ne le faisait dans les écoles voisines, ils ne le cédaient à personne pour l'amour et l'admiration dont ils l'entou-

raient et pour la passion qu'ils mettaient à
l'approfondir. Aussi bien, mes Révérends
Pères, si ces divergences d'interprétation
ont donné naissance à des controverses
célèbres, ces luttes, où l'encre seule a coulé,
plus abondamment, il est vrai, et plus vive-
ment que le sang sur les grands champs
de bataille, ont été fécondes pour la vérité,
la religion et la philosophie, et ni vous ni
nous n'avons à en rougir. Loin de là. Elles
ont prouvé au monde avec quelle largeur
d'esprit et quelle franchise d'allure les religieux de toutes couleurs abordent la science
dans les questions où Dieu ne s'est pas prononcé par son Église. Sur ce terrain, la
liberté est leur droit et leur devise : *in dubiis
libertas*. Et puis, ces joutes intellectuelles
ont été de belles manifestations et de puis-
sants accroissements de la pensée humaine,
la plus audacieuse et la plus large trouée
que l'on ait faite depuis trois siècles dans
la métaphysique et la psychologie. Oui,
n'en déplaise aux modernes qui croient que
le soleil s'est levé avec eux, il y a eu et il y
a encore des écoles de philosophie catho-

lique plus méthodiques et plus rationnelles que celles de Descartes, plus profondes que celles de Kant ou d'Hégel, plus lumineuses que l'éclectisme moderne. Et ils seront depuis longtemps balayés de notre ciel les nuages sortis des cerveaux de Spinoza, de Kant, d'Hégel, de Comte, de Cousin, de Schopenhauer et d'Hartmann, que la philosophie catholique, appuyée sur saint Thomas, sans cesse agrandie depuis lui par de nouvelles conquêtes, apparaîtra encore comme le sommet pacifique toujours de plus en plus large et de plus en plus radieux de la pensée humaine.

Mais si, dans les questions non définies, nous avons fièrement de part et d'autre pratiqué la liberté, nous avons, dans les questions certaines, donné le spectacle de l'unité la plus parfaite : *in necessariis unitas.* Et dans les unes et les autres, n'est-il pas vrai, mes Révérends Pères, quelques coups d'estoc et de taille, destinés aux doctrines et égarés sur les personnes dans la ferveur de la bataille, n'ont jamais altéré la charité : *in omnibus caritas.*

Oui, partout où la foi et le salut des âmes étaient en jeu, nous nous sommes souvenus de la parole tombée avec le baiser de Dominique sur son frère d'armes : et nous nous sommes retrouvés la main dans la main. Ensemble, nous avons combattu le protestantisme.Ensemble,nous avons vaincu le jansénisme. Ensemble, aujourd'hui et plus que jamais, nous luttons pour la vraie liberté contre la libre-pensée qui la dénature et contre l'esprit sectaire qui la viole, et pour la vraie science contre le matérialisme athée qui l'outrage.

Mais si la science n'a pu nous désunir, l'amour des âmes a encore resserré nos liens. Ensemble, depuis trois siècles, nous arrosons la terre de nos sueurs; ensemble nous pénétrons partout où règnent l'ombre et la mort, portant à tous les peuples la lumière et le sourire du Christ. Tous les rivages ont vu vos blanches apparitions à côté de la robe noire si aimée du sauvage et de tous les malheureux. Et souvent l'œuvre commencée par les uns était achevée par les autres. Un grand apôtre domini-

cain avait été le premier avocat et défen-
seur des Indiens opprimés par leurs maîtres : les missionnaires de la compagnie
de Jésus s'unirent bientôt aux frères de Las
Casas. Ils se firent à leur tour les nourri-
ciers et les éducateurs de ces pauvres peu-
plades, et vous savez de quelle manière
originale et superbe ils résolurent la ques-
tion sociale dans les Réductions du Para-
guay, si admirées par les penseurs de
toutes les religions. Entre les mains des
fils d'Ignace s'était épanouie cette fleur de
civilisation chrétienne, dont le germe avait
été jeté à la terre américaine par un fils de
saint Dominique.

Et ainsi, blancs ou noirs, le Rosaire ou
les Exercices à la main, l'amour du Christ
dans le cœur, et le ciel dans les yeux, ils
allaient sur toutes les mers et sur tous les
continents, les intrépides missionnaires,
porte-lumière de l'Évangile, semant le salut
et la paix à pleines mains. Et parfois ils
tombaient ensemble unis dans la mort sanglante.

C'était au Japon. Un jour, le bienheureux

Charles Spinola, jésuite, et quelques chrétiens chargés comme lui de chaînes, étaient
conduits à une prison située au sommet
d'une montagne ; ils devaient y passer la
nuit avant de repartir pour le lieu de leur
supplice. Heureux de souffrir pour le nom
de Jésus, ils chantaient. A quelque dis-
tance de la maison, Spinola entonna le *Te
Deum*. Après le premier verset, comme la
bienheureuse troupe, fatiguée de l'ascen-
sion, se taisait pour reprendre haleine, voici
que du haut de la montagne tombèrent les
paroles du second verset. Étonné, ému,
Spinola apprend de ses guides que la prison
était déjà pleine de chrétiens ayant à
leur tête un fils de saint Dominique et un fils
de saint François. Pendant quelques instants,
les deux chœurs alternèrent les versets sacrés en se rapprochant, jusqu'au moment
où s'ouvrirent les portes de la prison. Alors
les enfants des trois ordres apostoliques
se précipitèrent dans les bras les uns des
autres en pleurant de joie et en se félicitant
de mourir ensemble pour le Christ. Puis,
debout, les yeux fixés vers le ciel où ils en-

trevoyaient la palme, d'une voix vibrante d'amour, ils reprirent ensemble, en un seul chœur, avec tous leurs chrétiens, le cantique de la victoire là où ils l'avaient interrompu : et ce dut être empoignant et sublime d'entendre, là, sur cette montagne solitaire, le soir, ces phrases triomphales : *Te gloriosus Apostolorum chorus... Te Martyrum candidatus laudat exercitus.* Seigneur Dieu ! Il te loue le chœur glorieux de tes apôtres... Elle te loue la blanche armée de tes martyrs... Oui, ceux du ciel, mais ceux de la terre aussi ! O Christ, nous t'avons beaucoup aimé ; nous t'avons sacrifié notre jeunesse, nos espérances, notre chère patrie. Nous sommes venus ici au bout du monde porter ta lumière et ta rédemption. Ensemble, fils de Dominique, fils de François, fils d'Ignace, nous avons lutté et souffert pour toi ; ensemble nous allons mourir ! Et maintenant, ô Christ, prends notre sang et jette-le avec le tien sur ce pauvre peuple pour dessiller ses yeux et toucher son cœur. C'est la dernière prière de ceux qui te saluent, ô Christ, avant de tomber pour toi, de tes apôtres, de tes martyrs. *Te gloriosus Apostolorum chorus... Te Martyrum candidatus laudat exercitus... Te Deum laudamus!*

Ah! du haut du ciel, d'où ils ont entendu ce *Te Deum* et assisté à cette scène grandiose, comme ils ont dû être fiers les trois glorieux patriarches, Dominique, François, Ignace! Comme ils ont dû être fiers de voir leurs fils, dans cette veillée du martyre, échanger le baiser fraternel, avant de confondre leur sang pour la gloire de Dieu et le salut des âmes.

Et comme ils doivent être heureux aujourd'hui encore, mes Révérends Pères, de voir que cette charité ne s'est pas refroidie au cœur de leurs descendants. En butte aux mêmes haines et aux mêmes persécutions, également consolés par la sympathie et le dévouement des bons, nous sommes unis par les mêmes craintes et les mêmes espérances; oui, unis dans la même passion pour servir Dieu, l'Église et l'humanité ; unis dans la même protestation et jusqu'au dernier soupir contre l'iniquité qui poursuit

en nous Jésus-Christ ; unis pour sauver la
vérité, pour sauver la liberté, pour sauver la
lumière ; et fiers, ah ! oui, mon Dieu ! fiers
de voir que pour tuer votre Église c'est nous
que l'on vise au cœur.

Le temps des moines et des prêcheurs
est passé ! Vous ne vous en doutiez pas,
mes Frères. On le dit cependant autour de
vous. On le disait hier : on le dira demain
surtout.

Eh bien ! non, le temps des moines et des
prêcheurs n'est point passé ; et il ne passera
jamais !

La vie religieuse est la plante naturelle,
née de l'Évangile. Sur elle s'épanouissent
les trois fleurs mystiques, pauvreté, chas-
teté, obéissance, sans lesquelles l'Église
n'aurait plus ni parfum ni beauté et serait
stérile. Donc, tant qu'il y aura un Évangile,
il poussera invinciblement cette tige vigou-
reuse que la persécution émonde mais qu'elle
ne tue pas ; et devant laquelle le monde finit
toujours par s'incliner comme devant ce qui
est plus fort que lui.

Oui, un jour viendra où les engouements

et les colères de notre temps étant passés, on brisera des idoles et des statues aujourd'hui debout. La Liberté ira chercher la Vérité à la frontière et lui dira : rentre et règne. Elle dira à la Lumière : brille, brille, éclaire-nous !

Et nous serons toujours là, prêts à nous dévouer et à éclairer et sauver cette société malade que nous aimons. Ah ! il le sait bien le siècle qui nous repousse dans ses heures de folie, il sait bien que nous ne combattons que le mal dont il meurt, et que nous ne conspirons que pour son bien. Il ne se croit pas lui-même, ce grand enfant en colère, lorsqu'il dit que nous sommes trop vieux et que nous ne comprenons pas sa jeunesse. Nous sommes des hommes antiques, il est vrai, antiques comme la vérité avec laquelle nous identifie l'amour que nous lui avons voué ; mais nous sommes aussi très modernes, si, pour être modernes, il suffit de comprendre largement et d'aimer passionnément son pays et son temps.

Eh oui ! nous le connaissons ce siècle étrange et troublé, nous le connaissons et

nous l'aimons. Nous aimons ses aspiration
généreuses, nous souffrons de ses douleurs
nous applaudissons à ses conquêtes. Quan
nous le voyons s'embarquer pour l'avenir, l
cœur plein de rêves, nous sommes avec lu
et avec l'Église dans la barque ; et nous lu
crions : Au large, timide, plus au large ! E
nous allons avec lui et nous irons plus loi
que lui ; car il faut bien qu'il le sache, c
cher siècle, c'est lui qui s'en va et c'est nou
qui restons. Il sera depuis longtemps en
porté par la tempête, et, dans le monde paci
fié, les moines immuables prieront encore e
les langues de feu parleront ! C'est notre es
pérance, c'est notre certitude, c'est notr
réponse à la haine qui mugit et à la nuit qu
tombe. Et en voici le symbole : au milieu d
l'océan dompté, un vaisseau ; à l'avant un
blanche lumière ; c'est Dominique avec le
patriarches, ses frères, et leurs fils sourian
les bras tendus vers l'avenir.

Ainsi soit-il.

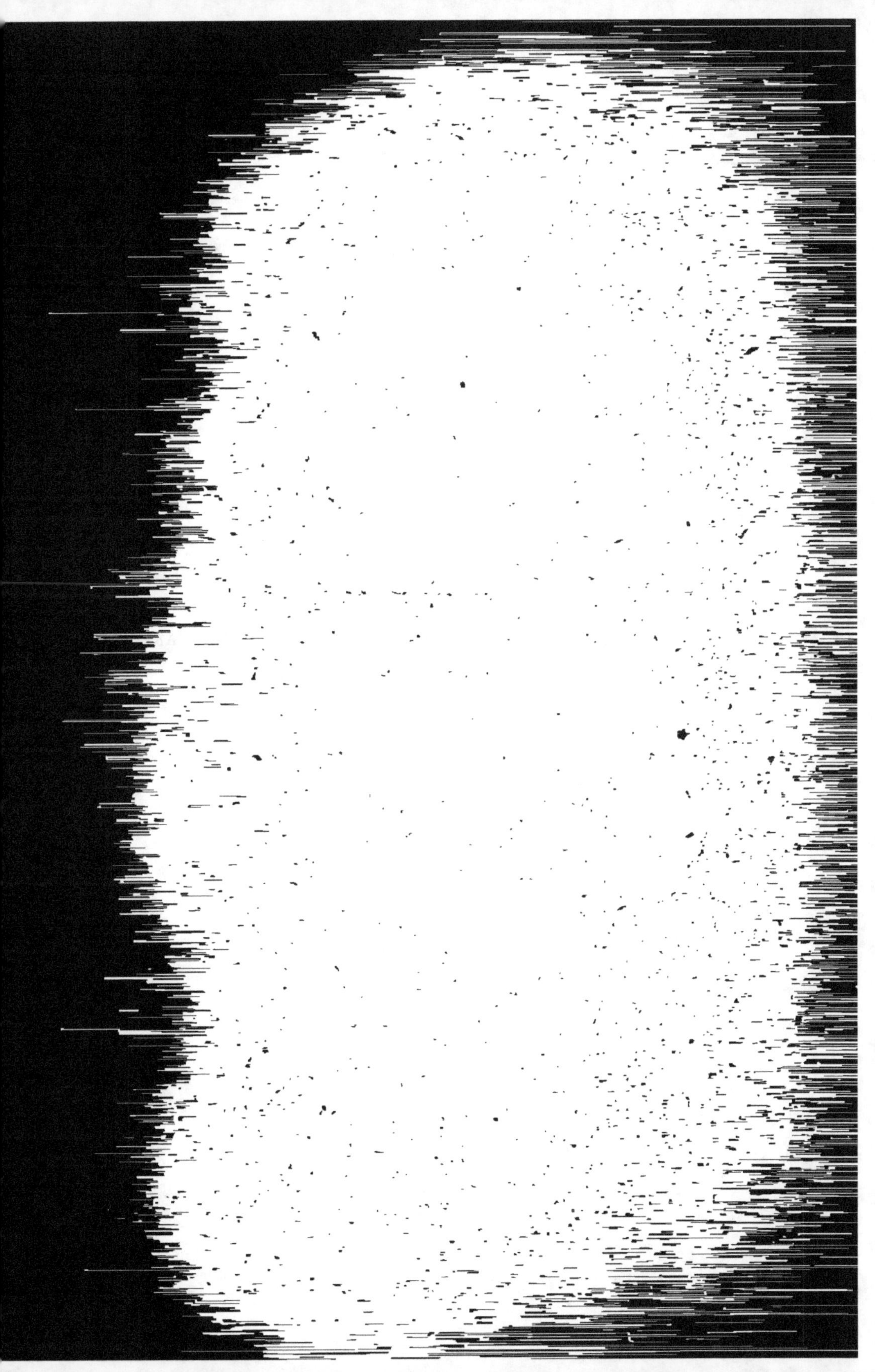

PARIS. — IMPRIMERIE F. LEVÉ, 17, RUE CASSETTE.